AF260312

RAYMOND DE LABORDE

ÉTUDE COMPARATIVE

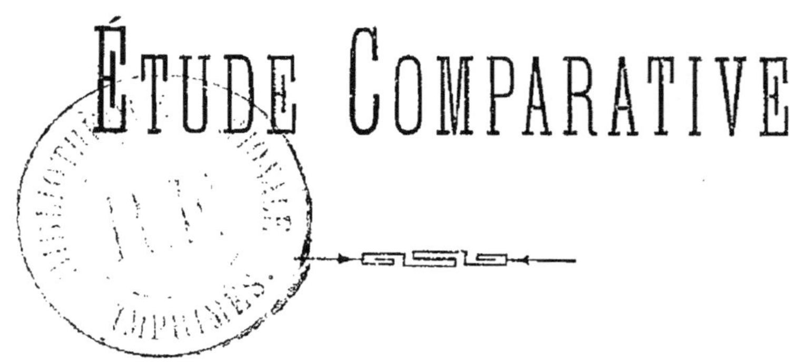

MIRABEAU - GAMBETTA

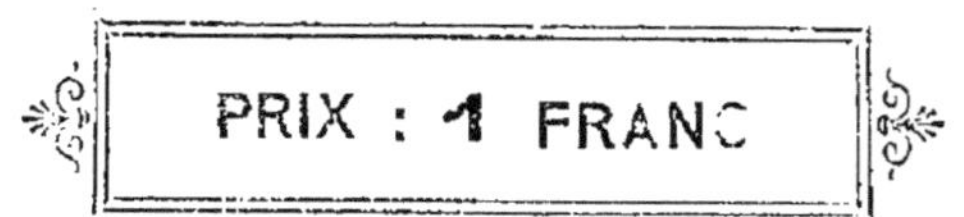

BORDEAUX

EN VENTE CHEZ LES PRINCIPAUX LIBRAIRES

—

1878

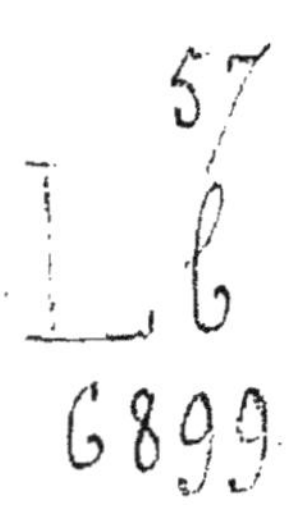

RAYMOND DE LABORDE

ÉTUDE COMPARATIVE

MIRABEAU - GAMBETTA

Notre but n'est pas de dénaturer l'histoire ou d'en obscurcir la vérité, d'en grimer ou d'en amoindrir les personnages au profit d'une opinion. S'il nous plaît de contrôler les actes, d'interpréter les intentions des hommes politiques dont la vie nous est soumise, nous ne le ferons qu'avec la plus grande réserve et sur les indications des écrivains les plus autorisés.

Avant tout, nous avons voulu puiser dans les récits d'un passé que le présent nous rappelle, des enseignements et des leçons à répandre autour de nous. Frappé par l'harmonie des choses de la nature, nous avons voulu savoir si cette même harmonie existe dans l'ordre politique, et il nous a semblé qu'une étude approfondie de l'histoire pouvait répondre à toutes nos recherches.

Oui, l'harmonie est partout et dans tout, dans le monde politique, dans le monde moral comme dans le monde physique ; si elle ne s'étendait pas à l'universalité des choses, des êtres et des pensées, elle ne serait pas.

L'homme s'agite dans une succession d'événements qui se reproduisent à des époques déterminées et qu'il peut altérer ou corriger, pour le besoin de ses vices ou la satisfaction de ses vertus, sans les empêcher jamais d'arriver jusqu'à lui ; et la force de ceux qui sont appelés à changer ou à modifier le sort des nations, doit venir non pas seulement de la puissance de leur génie, mais du souvenir de leurs devanciers sur le chemin qu'ils pratiquent.

Pour faciliter nos efforts de perception, Dieu a fait un cercle autour de nous ; pendant qu'il traçait pour l'œil des horizons restreints, il mettait des bornes aux conceptions de l'esprit, lui donnant, en même temps, la réflexion qui, seule, rend bienfaisants les produits de la volonté. L'homme d'Etat doit donc s'appliquer tout d'abord à réfléchir profondément sur les exemples de l'histoire pour en tirer les conseils qui le guideront dans l'exécution de ses desseins. Trop souvent il se croit le propagateur de théories nouvelles, le fondateur d'une idée quand il n'est que l'apôtre de doctrines vieilles comme le monde et éternellement discutées ; mais c'est à lui une grande faute de s'abandonner aux suggestions d'un orgueil démesuré, sans tenir aucun compte des malheurs causés par la folle indépendance de ses modèles.

Et cependant il semble entraîné par un courant irrésistible, et, sans la foi, cette philosophie du cœur qui, seule, ne trompe pas, nous nous demanderions avec épouvante si nous avons bien la volonté, si plutôt nous ne sommes pas dans la main de Dieu un simple et inconscient instrument, et nous en arriverions ainsi à accorder notre pitié à ceux quinous persécutent, les trouvant plus malheureux que nous.

*
* *

Car Dieu qui annonce la tempête par de fulgurants éclairs, jette dans le monde, comme un cri d'alarme, à l'heure où les révolutions sont prêtes à éclater, des hommes dont le caractère, les actes, les discours sont tellement pareils qu'ils semblent découler d'une source unique. On croirait que ces précurseurs des plus grands désastres disparaissent sans s'éteindre pour revenir quand il en est besoin sous un autre nom et sous un autre masque.

Quoi qu'il en soit, puisque la venue des mêmes hommes est, pour ainsi dire, la prédiction des mêmes événements, nous devons savoir gré au souverain régulateur de toutes choses de nous avoir ménagé des avertissements utiles pour affronter les maux qui nous menacent.

Et, comme au laboureur, attendant avec anxiété qu'un soleil radieux dissipe les orages, l'espoir nous est constamment permis, même au plus profond de l'abîme où nos faiblesses, nos défaillances, nos discordes nous ont précipités.

*
* *

Les concessions de l'empereur en 1870 furent les principales causes de sa chute. Dès que Napoléon III, attiré vers le parlementarisme par une sorte de vertige, eut renoncé à l'exercice de l'autorité souveraine consenti par huit millions de voix; dès qu'il eut permis à des pamphlétaires et à des tribuns d'insulter à tout ce qui est respectable, d'outrager sa personne, sa famille, ses défenseurs, de dénaturer ses bienfaits, de contrôler chacun de ses actes; dès qu'il se fut abandonné aux conseils de ceux qui l'avaient le plus combattu, il vit son gouvernement s'en aller à la dérive, à travers de sombres écueils, comme un navire désemparé. Quelques hommes, excités par une haine jalouse, suffirent à précipiter le dénouement de son histoire. Ils soulevèrent le peuple avec des mensonges et ils l'entraînèrent par d'imprudentes promesses, osant lui parler de leur attachement alors qu'ils ne ressentaient pour lui qu'une pitié dédaigneuse.

A leur tête parut Gambetta.

Gambetta est la représentation de Mirabeau.

Quand on compare ces deux personnages l'un à l'autre, si on les trouve disproportionnés, mesurés à la hauteur de leur génie, on les rapproche merveilleusement par le tempérament, les idées, le langage et surtout par les mille accidents d'une existence tourmentée.

*
* *

Mirabeau inventa l'opportunisme, Gambetta le pratique.

Gambetta, étouffant ses rancunes pour devenir l'ami, le disciple de Thiers, n'est-ce pas Mirabeau demandant le maintien de Neker, sollicitant son retour après avoir, peut-être, ébranlé son pouvoir par la violence de ses attaques?

Mirabeau écrivait à Mauvillon : « L'effervescence est prodigieuse, et l'on est irrité de ce que je suis toujours aux partis modérés; mais je suis si convaincu qu'il y a une différence énorme entre voyager sur la mappemonde ou en réalité sur la terre; je le suis tellement que nos commettants s'intéressent extrêmement peu à nos discussions métaphysiques, tout importantes qu'elles puissent être, et que nous ne pourrons compter vraiment sur leur appui, qu'alors que nous toucherons directement au pot-au-feu; je le suis tellement que le meilleur moyen de faire avorter la révolution, c'est de trop demander, que je mériterai encore longtemps cet honorable reproche. »

Et puis au *Courrier de Provence :* « Si le projet de réclamer hautement les grands principes de la liberté est un de ceux qui entraînent le plus fortement un ami des hommes, aussitôt qu'il veut passer à l'exécution, il se trouve placé entre deux écueils. La vérité commande de tout dire et la sagesse invite à temporiser ; d'un côté, la force de la justice porte à franchir les timides considérations de la prudence ; de l'autre, la crainte d'exciter une fermentation dangereuse alarme ceux qui ne voudraient pas acheter le bien de la postérité au prix du malheur de la génération actuelle. »

Lamartine s'exprime ainsi : « Mirabeau, extrême quelquefois dans ses paroles quand l'énergie de l'élocution chez l'orateur dépassait la mesure de la pensée chez l'homme d'Etat, ou quand l'ivresse des applaudissements altérait au lieu de rassasier le tribun, était bien loin d'être extrême dans ses opinions. Les principes philosophiques qui l'animaient et qu'il s'était juré à lui-même de faire prévaloir sur les servitudes, sur les routines et sur les superstitions invétérées des peuples, n'avaient point dans sa large tête ce caractère aveugle et emporté du fanatisme qui renverse au hasard tout ce qui existe devant lui pour faire place à l'absolu ou à l'impossible. Son intelligence dominait en lui-même ses passions ; son expérience historique et pour ainsi dire innée, réglait et mesurait l'application de ses théories ; il se rendait compte des obstacles, il pactisait avec les habitudes. »

Gambetta ne possède ni le talent de Mirabeau, ni ses convictions profondes, ni son courage, mais, comme Mirabeau, il a fait sa volonté patiente et capable de feindre un renoncement à elle-même pour mieux s'imposer.

Mirabeau désirait ardemment arriver au ministère : il descendit la royauté jusqu'à lui pour mieux porter la main sur elle. Il voulait abaisser la montagne et exhausser la plaine, de façon à niveler un vaste terrain où il pût marcher sans rencontrer d'irrégularités ni d'obstacles. Sa voix qui répondait à M. de Brézé : « Allez dire à votre maître que nous sommes ici par la volonté du peuple et que nous n'en sortirons que par la force des baïonnettes », criait : « Silence! » à Barnave et aux Lameth.

Il fonda la république et il n'avait d'estime que pour la monarchie.

L'ambiguité de sa conduite servit de prétexte aux colères de ses ennemis. Un pamphlet qui avait pour titre : « *La grande trahison du comte de Mirabeau* » fut lancé dans la rue par les Lameth; Barnave en formula à la tribune les terribles accusations. Mirabeau y répondit par une attaque contre les Lameth qui « avaient reçu des bienfaits de la reine. »

L'histoire de ce pamphlet n'est-elle pas l'histoire de l'incident Duportal?

Pour nous, Duportal menaçant Gambetta de la vengeance des radicaux, Duportal convaincu par celui-là même qu'il essayait de confondre, d'avoir sollicité des faveurs de l'empire, n'est autre qu'un Lameth poursuivant Mirabeau de sa haine imprudente.

*
* *

Nos amis nous reprocheront, peut-être, de faire

aux hommes d'aujourd'hui un piédestal dont ils sont indignes, en les comparant aux personnages de la grande révolution. Nous nous justifierons en disant que, si les caractères s'amollissent, si les idées sont plus confuses, si les intentions sont moins pures, si les conceptions sont moins hardies qu'autrefois, la faute en est au temps qui porte partout la décrépitude; que l'esprit de l'homme s'abime, en vieillissant, comme ces grandes branches paresseuses qui semblent s'affaisser dans l'ombre, sous le poids de leurs feuilles vertes; mais que, malgré la distance qui les sépare, les êtres destinés à jouer le même rôle, sont toujours attachés l'un à l'autre par une sorte de lien; et que, par conséquent, celui qui veut vivre, doit savoir comment on vit autour de lui et comment d'autres ont vécu.

*
* *

Mirabeau a été accusé d'avoir voulu renverser Louis XVI, pour mettre sur le trône le duc d'Orléans, dont il était le familier et dont il fût devenu premier ministre.

« Ce prince, dit Thiers, en parlant du duc d'Orléans, était né avec des qualités heureuses; il avait hérité de richesses immenses; mais livré aux mauvaises mœurs, il avait abusé de tous ces dons de la nature et de la fortune. Sans aucune suite dans le caractère, tour à tour insouciant de l'opinion ou avide de popularité, il était hardi et ambitieux un jour, docile et distrait le lendemain. Brouillé avec la reine, il s'était fait ennemi de la Cour. Les partis commençant à se former, il avait laissé prendre son nom et, même, dit-on, jusqu'à ses richesses. Flatté d'un avenir confus, il agissait assez pour se faire accuser, pas assez pour réussir, et il devait, si ses partisans avaient réellement des projets, les désespérer par son inconstante ambition. » Avec de légères corrections, ces lignes traceraient le portrait fidèle d'un autre prince — dont Gambetta cultive soigneusement l'amitié.

*
* *

Mais voici encore ce que nous lisons dans l'*Essai historisque sur la vie et les ouvrages de Mirabeau, par Mérilhou* : « Mirabeau n'avait jamais perdu de vue le projet de se faire employer par le gouvernement dans la carrière diplomatique : une occasion favorable se présenta en 1786; il la saisit avec promptitude et bonheur. M. de Calonne, contrôleur général des finances, et M. de Vergennes, ministre des affaires étrangères, le protégeaient : la mort de Frédéric-le-Grand, roi de Prusse, paraissait prochaine et semblait devoir amener de grands changements dans la politique générale de l'Europe.

Mirabeau, pour donner une idée avantageuse de

sa capacité, fit présenter en juin 1786, aux deux ministres qu'on a déjà cités, un mémoire où il exposait les conséquences futures de l'avénement du nouveau souverain de la Prusse. Il signalait l'empereur Joseph comme appelé à exercer une prépondérance dangereuse au repos de l'Europe. Au milieu de la crise prochaine il fallait, selon lui, au gouvernement français, un homme habile qui pût bien comprendre le véritable état des choses et démêler les secrets des cours allemandes, dont l'attitude et la position allaient, sans doute, subir de grands changements. Mirabeau se désignait par là assez clairement au choix du ministère : ses offres furent acceptées, et il reçut l'ordre secret de se rendre en Prusse, mais sans aucun caractère public et sans qu'on pût soupçonner que le gouvernement autorisât ce voyage....... Il est facile de sentir que, n'ayant aucun caractère public et ses antécédents personnels étant peu propres à l'environner de considération, Mirabeau n'a pas dû pénétrer très-avant dans les secrets des grands personnages de la cour de Berlin. »

Et voici ce que nous écrivions nous-même au *Journal de Bordeaux*, le 26 avril 1878, à propos du voyage diplomatique de Gambetta : « De tous les hommes de notre pays, Gambetta était le dernier qu'on dût choisir pour parler à l'étranger au nom de la France, car les ministres auxquels il s'est adressé ne pouvaient voir en lui que le chef présomptueux d'une majorité méprisée et honnie par leurs souverains. D'ailleurs, il est parti sans mandat officiel, poussé par son audace et son incapacité, et nous ne ferons pas au Maréchal l'injure de croire que le Président de la République était instruit de ce voyage. »

*
* *

Gambetta ne sera jamais qu'un dictateur, s'il n'est pas un tyran. Nous l'entendons déjà s'écrier avec Mirabeau : « Le despotime et le bon plaisir sont les plus sains des régimes, parce qu'ils constituent la méthode la plus simple et la plus rapide de gouverner..... Il n'est pas bon que des esclaves y voient si clair..... »

Hâte-toi donc de fermer les yeux, pauvre peuple! Tes regards perçants pourraient gêner ceux qui s'occupent de toi! Mais souviens-toi cependant que le jour où il te plaira de concentrer les rayons de ton ardente prunelle sur le visage de tes prétendus amis, tu verras ceux en qui tu a mis toute ta confiance rentrer dans la terre comme des vers brûlés par le soleil! Ce sera en vain qu'ils auront amassé des ténèbres autour de leurs combinaisons et de leurs projets, tu leur diras : « L'expérience a prouvé contre les essais intermédiaires, les constitutions bâtardes qui, par les voies du mensonge, mènent aux tyrannies hypocrites » (1).

*
* *

---

(1) Vermorel.

Suillius se demandait « par quelle règle de philosophie Sénèque avait acquis en quatre ans de faveur plus de sept millions d'or. »

Et, nous aussi, nous nous demandons par quels moyens politiques Mirabeau et Gambetta sont parvenus à la fortune.

Avant d'entrer aux Etats-Généraux, Mirabeau était pauvre et constamment poursuivi par d'innombrables créanciers. Il vivait de ses ouvrages qui trop souvent ne suffisaient pas à lui procurer ce dont il avait le plus besoin. De 90 à 91, une révolution s'opère dans son existence : il est riche, excessivement riche ; il occupe un logement somptueux dans la Chaussée-d'Antin, il a un nombreux domestique ; sa table, toujours ouverte, est magnifiquement servie ; il meuble à Argenteuil une maison de campagne ; il achète la bibliothèque de Buffon estimée trois cent mille francs.

Avant le 4 Septembre, Gambetta suait la misère. Il se traînait sur les bancs des cafés, passant d'une table à l'autre pour boire ce que ses amis lui offraient. Plus d'une fois il lui est arrivé de vider un verre d'absinthe et de ne pas aller dîner ensuite. En 1869, il demandait aux princes d'Orléans les fonds nécessaires à son élection...

Mais le 4 Septembre arriva, et, comme Mirabeau, Gambetta devint riche. Comme Mirabeau, il habite un hôtel splendide dans la Chaussée-d'Antin ; comme Mirabeau, il a de nombreux valets, et il se nourrit des mets les plus délicats. Ses quatre chevaux ont coûté dix mille francs la paire.

Écoutons Michelet parlant des richesses surprenantes de Mirabeau : « Maintenant dit le savant historien, assemblons en jury les hommes irréprochables, ceux qui ont le droit de juger, ceux qui se sentent par eux-mêmes purs d'argent, ce qui n'est pas rare, purs de haine, ce qui est rare. (Que de puritains qui préfèrent à l'argent la vengeance et le sang versé!...) Assemblés, interrogés, nous nous figurons qu'ils n'hésiteront pas à décider comme nous! — Y eut-il trahison? Non. — Y eut-il corruption!... Oui. — Oui, l'accusé est coupable. — Aussi, quelque douloureuse que la chose soit à dire, il a été justement expulsé du Panthéon. »

Michelet explique ainsi la fortune de Mirabeau; expliquera qui voudra l'opulence du défenseur de Baudin.

Cependant, une autre accusation pèse encore sur la mémoire de Mirabeau.

Par un arrêt, le conseil avait autorisé les MM. Périer à émettre un certain nombre d'actions pour l'alimentation des eaux dans Paris, au moyen de pompes à feu. Ces actions qui promettaient des bénéfices considérables, atteignirent immédiatement un taux élevé. *Les effets à termes et compromis d'effets royaux ou autres quelconques* étant interdits par un autre arrêt, les porteurs des effets royaux se plaignirent de cette hausse. Mirambeau se fit leur avocat et, dans un pamphlet qui a pour titre : « *Sur les actions de la Compagnie des Eaux de Paris* », soutint que les actions des eaux devaient être confondues avec les effets qui tombaient sous l'interdiction de l'arrêt précité. Beaumarchais s'éleva contre cette prétention, reprochant à Mirabeau

« d'écrire moins dans l'intérêt de la raison et de la vérité que dans le dessein de servir des spéculateurs qui avaient joué à la hausse sur les actions des eaux (1). »

N'a-t-on pas prétendu que Gambetta ne désirait le rachat des chemins de fer que pour les affermer à ses créatures?... Il sait que l'État est incapable de les exploiter directement; il sait que cent cinquante millions seront engloutis; il sait..., mais que lui importe! Il lui faut de quoi rassasier sa meute.

*
* *

O amour! Dieu de l'enfer! tu fais de nous un jouet que tu brises trop souvent! Tu ne respectes rien. Ils sont rares ceux qui provoquent et obtiennent ta pitié! Le riche et le pauvre, le maître et l'esclave, l'homme de talent et l'homme dépourvu de tous les biens de l'intelligence t'appartiennent; ils te doivent des égards lorsqu'il t'a plu de les épargner. Tu sapes notre réputation; tu la démolis et tu n'en laisses rien; tu déracines dans nous jusqu'à l'espérance d'être réhabilité! Les ivresses que tu procures ne compenseront jamais ce que nous souffrons par toi!

« Je paie bien cher les fautes de ma jeunesse » répétait souvent Mirabeau. Et il ajoutait : « Je regarde, parmi les moyens de réussir, le soulèvement

---

(1) Mérilhou.

des obstacles que mes ennemis m'opposent sans cesse, soit en mettant d'assez longues erreurs de ma vie privée en opposition avec ma conduite publique, soit en tourmentant mon existence domestique pour me détourner de mes travaux, soit en détachant de moi la confiance de ces hommes qui ne connaissent d'autres vertus que l'ordre et l'économie. »

Mais sa passion pour Mme de Monnier, en l'emportant loin de Mlle de Marignane, l'avait fait considérer comme un homme capable de tout sacrifier à une soif immodérée de plaisirs. Ses déréglements continuels ont justifié ce jugement prononcé par ses contemporains et enregistré par l'histoire.

Si nous voulions fouiller dans le cœur de Gambetta, peut-être y trouverions-nous quelque brûlant souvenir.

*
* *

« Pâle et les yeux profondément creusés, Mirabeau paraissait tout changé à la tribune, et souvent il était saisi de défaillances subites. Les excès de plaisir et de travail, les émotions de la tribune avaient usé en peu de temps cette existence si forte. »

C'est Thiers qui parle ainsi..... que pensait-il des syncopes de Gambetta ?...

Arrêtons-nous devant le portrait de Mirabeau par Louis Blanc : « Laideur resplendissante, figure flétrie, imposante et livide, effronterie de la lèvre se mariant à l'éclair des yeux, tel était Mirabeau. Et il avait l'âme de son visage. L'audace révolutionnaire de Mirabeau ne fut qu'un emportement d'orgueil et d'égoïsme..... Il n'avait ni la vigueur morale, ni les vertus dont l'amour de la liberté se compose, et l'austère image des républiques épouvantait de loin sa corruption.

*
* *

Mirabeau a un trop grand besoin d'être défendu. Ses admirateurs les plus passionnés ne peuvent étouffer, au milieu des éloges qu'ils font de ses écrits ou de ses discours, le mépris que sa personne leur inspire.

« Le génie de Mirabeau avait pâli devant celui de la Révolution ; entraîné à un précipice inévitable par le char même qu'il avait lancé, il se cramponnait en vain à la tribune..... On sent qu'il a eu la main forcée par les passions qu'il a soulevées, et que, ne pouvant plus les diriger, il les trahit, mais sans pouvoir les perdre ; le grand agitateur n'est plus qu'un courtisan effrayé qui se réfugie sous le trône, et qui, balbutiant encore les mots terribles de nation et de liberté qui sont dans son rôle, a déjà contracté dans son âme toute la petitesse et toute la vanité des pensées de Cour (1). »

Oui, Mirabeau a déchaîné la révolution et impuissant à la maîtriser, il eût été fatalement emporté par elle. En le frappant, dans son lit, le 2 avril 1791, la mort lui a épargné les horreurs de l'échafaud.

Il n'est pas d'exemple d'un révolutionnaire qui ait pu résister à la révolution. La révolution est un fléau de Dieu qui emporte tout sur son passage : elle est jalouse de ceux qui ont la prétention de la conduire, et, comme elle est plus forte qu'eux, elle les pousse vers la mare de sang où ils seront engloutis. Elle ne raisonne pas. Peu lui importe que ce soit Louis XVI, Vergniaud, Danton ou Robespierre qui tombe sous son couteau, pourvu qu'elle soit sûre de pouvoir toujours charger sa charrette ! Elle a soif ; et il lui faut du sang.

Malheur à l'imprudent qui ose jouer avec elle ! Comme une tigresse féroce, elle lui arrachera la chair peu à peu, lambeau par lambeau. Aujourd'hui c'est une réputation qui chancelle, c'est un prestige qui disparaît, c'est un pouvoir qui s'effondre ; demain ce sera une tête qui tombe, ou ce sera Marat chassant Mirabeau du Panthéon !

Malheur, malheur, surtout, aux générations qui s'abandonnent entre les mains d'un Mirabeau ou d'un Gambetta ! Si le peuple ne se défend pas contre les séductions de ces hommes, s'il se laisse éblouir

---

(1) Lamartine : *Histoire des Girondins.*

par leurs flamboyantes promesses, s'il ne sait pas résister à leurs entraînements, son amour de la liberté ne le préservera pas longtemps des excès de la licence.

Celui qui cherche à imposer son autorité et à la rendre respectable doit se garder de commencer par affaiblir celle des autres.

Or, les auteurs des révolutions ont toujours procédé et procèderont toujours par le même moyen qui consiste à détruire chez les autres l'autorité qui leur serait indispensable à eux-mêmes, pour gouverner sagement. C'est pourquoi, incapables de se maintenir, ils sont bien vite à la merci de ceux dont ils ont excité les passions, et ils paient le plus souvent de leur vie une heure de fausse popularité. Ils ont une confiance aveugle dans leurs propres forces et ne sentent pas la main qui les dirige et les emploie sans doute comme un châtiment.

*
* *

Si le Gambetta de 1878 a quelque ressemblance avec le Mirabeau de 1791; si les mêmes causes produisent les mêmes effets, nous sommes menacés d'une nouvelle terreur.

Eh bien, affermissons notre courage, regardons d'un œil tranquille les progrès de l'inondation qui nous envahit; calmes dans le danger, préparons-nous à lutter avec ardeur contre les flots impétueux !

Allons, debout, impérialistes! C'est à vous qu'appartient le rôle du pilote. Pas de folles craintes, et, surtout, pas de honteuses défaillances! Ne vous lassez pas! Allez au peuple; parlez-lui de la confiance qu'il eût en vous! Dites-lui, faites-lui comprendre qu'il doit monter dans votre barque; que c'est là, seulement, qu'il trouvera la sécurité! Et puis, menez-le jusqu'au pied du trône qui émerge dans la nuit comme un phare lumineux!

L'empire sortira de la révolution parce qu'il en est déjà sorti.

Mai 1878.

Bordeaux. — Imp. J. Lamarque, rue Porte-Dijeaux, 45.